Made in the USA
Columbia, SC
30 November 2020

25859324R00061